ORACLE
DE L'AGARTHA

Lulumineuse

Illustrations :
Gemma CapdeVilla

W0326613

le lotus & l'éléphant

SOMMAIRE

LES HYPERBORÉENS

LES ANCIENS MAYAS

LES ANCIENS AZTÈQUES

LES ANCIENS LÉMURIENS

LES ANCIENS INCAS

LES ANCIENS TOLTÈQUES

LES CHIPPEWA

LES GRANDS MAÎTRES

Introduction

Mes chers êtres de la Terre,

Nous, les êtres de l'Agartha, ne sommes pas éloignés de vous.

Nous sommes au centre, dans le creux de votre sphère, tout comme nous parlons et diffusons nos messages et nos ondes dans l'écho de vos sanctuaires.

Nous vivons dans la Paix et l'Amour ici, dans nos cités, mais bien que nous soyons le peuple de la Terre creuse, nous ne sommes pas enfermés comme vous l'êtes. Car oui, mes chers frères et sœurs, vous êtes enfermés dans vos peurs et nous ne pouvons communiquer dans les sanctuaires qui ne laissent aucun espace à nos échos d'Amour et de Paix.

Nous sommes ouverts sur l'Univers et nous formons une immense fraternité avec les peuples évolués des autres sphères, dont quelques-unes que vous connaissez. Nous faisons partie d'une Alliance et chaque jour nous servons le Grand Plan.

Comment servons-nous, comment nous aidons-vous ?

Nous sommes organisés. Notre existence est placée sous l'allégeance de l'Amour.

Comme toutes les espèces évoluées, nous vivons pour servir l'Amour dans tous les domaines en respectant les règles d'évolution et les lois universelles.

Nous vous venons en aide par de multiples manières, ici les êtres servent dans tous les domaines, vous apportent des idées, des savoirs et des connaissances comme on plante des graines dans un jardin en devenir.

Depuis des éons, nous bâtissons dans les plans subtils vos idées de demain. Nous vous guidons, nous vous parlons de notre existence et nous vous faisons parvenir ces savoirs par de très nombreux canaux. Les canaux sur Terre sont de plus en plus nombreux chaque jour. Des êtres se réveillent en se sentant profondément attirés par notre existence et notre monde. Ce monde est aussi le vôtre. Mais pour le moment, nos fréquences sont encore trop différentes pour nous unir. C'est pourquoi vous devez encore vous libérer de vos peurs, migrer dans vos cœurs et alléger vos fardeaux. Nous savons que les épreuves que vous traversez en ce moment peuvent être difficiles à vivre. Cela engage toute votre Foi et votre bravoure.

N'hésitez jamais à faire appel à nous !

Nous sommes présents et nous vous répondons. Nous savons créer de puissants liens pour vous envelopper de notre Amour et de notre Lumière. Pour que vos sanctuaires rayonnent telles des cathédrales de cristal comme nous en avons ici, à Telos.

Pour certains, ce sont des souvenirs d'un autre temps et d'une autre dimension qui peuvent s'éveiller en vous. Comme une connexion profonde et lointaine. Vous êtes nos frères et sœurs et beaucoup d'entre vous ont déjà séjourné ici. Nous n'avons jamais rompu le lien et il sera de plus en plus étroit, de plus en plus fort.

Poursuivez vos efforts, partagez votre Lumière, ne doutez pas de vos propres rayons, vous êtes l'Amour qui s'étend sur Terre, vous êtes la Lumière et l'Amour en action !

Que l'Amour et la Paix rayonnent dans le cœur des humains de la surface. Nous, vos frères et sœurs, vous parlons de notre cœur au vôtre, nous vous soutenons et vous aidons chaque jour pour la libération de la Lumière sur Terre.

Comment utiliser l'oracle

Simple d'utilisation, cet oracle propose un message qui vous est destiné sur l'instant.

Avant de tirer une carte, vous pouvez réaliser un petit exercice de visualisation qui consiste à imaginer une porte, en vous-même, s'ouvrir sur un monde intérieur et vous inviter dans le royaume de la Terre creuse, l'Agartha.

Quelques respirations profondes peuvent accompagner cette petite méditation pour favoriser une profonde quiétude.

Mélangez les cartes, disposez-les face cachée à votre convenance et choisissez la carte qui vous attire le plus.

Ce message est pour vous.

Prenez le temps de le lire calmement et laissez infuser le message dans toutes ses dimensions.

Chaque message comporte plusieurs clés à plusieurs niveaux de profondeur et pourront vous déclencher des prises de conscience même plusieurs jours après votre tirage, voire plusieurs semaines ou plusieurs mois !

Vous pouvez également prendre le temps de méditer sur le message reçu avec l'intention de vous relier au peuple transmetteur pour favoriser une réception plus intime de son essence.

Dans le cas où une carte sortirait du paquet de manière impromptue pendant sa manipulation, ce message est pour vous.

Si vous tirez à plusieurs reprises un même message, il se peut que sa compréhension doive être reconsidérée, que l'on vous invite à le percevoir sous un nouvel angle de vue ou que le peuple en question vous signifie sa présence dans votre vie en ce moment.

Enfin, chaque message est destiné à ouvrir des portes intérieures sur votre chemin initiatique.

LES ANCIENS ATLANTES

Les origines

Les anciens Atlantes sont la quatrième race, la race rouge qui précéda immédiatement la nôtre.

Avant le déclin et la disparition de leur civilisation, ils habitaient à la surface de la Terre, sur un vaste continent dénommé Atlantide. La grande île dont Platon nous relate la destruction n'était que le dernier vestige de ce vaste continent.

Pendant la chute de l'Atlantide, certains êtres éveillés furent invités à rejoindre l'Agartha.

LES ANCIENS ATLANTES
1. L'Amour créateur

1. L'Amour créateur

Nous, les Atlantes, nous présentons à vous aujourd'hui pour vous signifier l'importance de percevoir votre passé comme le fruit d'expériences transcendantes destinées à vous ennoblir.

La grandeur morale intime se cultive au travers de toutes les expériences vécues. Dans notre passé, nous avons laissé l'âge d'or nous affaiblir moralement et l'orgueil finir par diriger nos ambitions. Aujourd'hui, nous unissons nos voies pour vous avertir : le chemin de vos ambitions doit être porté non par une volonté inférieure de profit, de revanche, ou de prouver votre valeur, mais par la joie d'élever et d'offrir votre Lumière au monde qui vous porte avec Amour. Dans la sagesse de votre cœur.

CLÉ ASCENSIONNELLE

L'ambition qui jaillit du cœur est soutenue par la grande force créatrice qui est toute Amour.

LES ANCIENS ATLANTES
2. Le vide organisé

2. Le vide organisé

La visualisation créatrice a le pouvoir de dépasser les lois de la physique. Mais pour atteindre un tel niveau, vous devez voir la matière et les formes comme un vide organisé. C'est le vide qui crée les formes, car la forme se dessine toujours à partir du vide.

Nous vous recommandons de voir les choses qui ne sont pas encore manifestées comme du vide à mettre en ordre. Vous devez vous focaliser sur cette alchimie subtile et l'accompagner de votre volonté supérieure. La nourrir de votre Amour et de votre Foi en la Lumière créatrice.

À l'apogée de notre ancienne cité, nous, les anciens Atlantes, érigions des édifices par le seul pouvoir de la visualisation créatrice.

CLÉ ASCENSIONNELLE

C'est à partir du vide que naissent les plans de l'Univers à travers vous.

LES ANCIENS ATLANTES
3. La science

3. La science

La technologie est une science qui doit être utilisée avec l'intelligence du cœur. Elle doit devenir une prolongation de son émanation, un instrument du Divin. Lorsqu'elle est utilisée sans conscience, elle est risquée. Quand elle est utilisée pour satisfaire des intérêts égotiques, elle devient dangereuse. Si vous vous servez de la technologie dans un monde d'intérêts et d'égos, demandez-vous toujours si c'est vous qui vous servez de la technologie ou si c'est elle qui se sert de vous.

Cette question ne doit pas être générale car la réponse dépendra de l'endroit d'où part votre volonté sur l'instant. Si votre volonté part du cœur, elle sert votre élan. Si elle vient d'une peur, d'un manque, d'une insécurité, ou d'une forme de contrôle, c'est vous qui êtes à son service.

CLÉ ASCENSIONNELLE

Les outils que j'utilise doivent véhiculer les hautes vibrations de mon cœur.

LES ANCIENS ATLANTES
4. La fraternité

4. La fraternité

Nous, les anciens Atlantes, avons atteint un âge d'or lorsque notre civilisation vivait encore à la surface de la Terre. Nous avions atteint un haut degré d'harmonie et d'organisation soutenu par des valeurs spirituelles supérieures. Nous avions connaissance de la Loi unique. Agir et œuvrer à partir de l'espace de fraternité en nous était la clé. Le déclin est arrivé lorsque des actions ont dévié de cet espace sacré.

La volonté égotique de certains êtres a perturbé l'harmonie et l'organisation fraternelle de notre système de vie. Nous voulons vous rappeler l'importance d'agir à partir de l'espace sacré de la fraternité en vous. Vous êtes soutenu par les plus hauts plans de la création dès que vos ambitions se créent à partir d'un idéal plus grand, au-delà de vos propres perspectives personnelles.

CLÉ ASCENSIONNELLE

Vos actions doivent émaner de la région fraternelle de votre être. Ainsi, elles suivent la Loi unique.

LES PLÉIADIENS

Les origines

Nous, les Pléiadiens, sommes une civilisation qui vous porte dans le cœur comme une mère aime ses enfants. Aujourd'hui, nous souhaitons vous rappeler que l'enfant de l'Univers est celui qui sait s'émerveiller de la beauté, de l'harmonie et de la Lumière qu'il perçoit au-delà des formes et des apparences.

La sagesse de l'adulte ne doit jamais faire barrage au cœur de l'enfant en vous. Car depuis ce cœur, l'enfant reçoit les consignes subtiles de ses explorations futures et se laisse guider vers sa propre Lumière.

L'émerveillement est une porte ouverte à l'observation de l'intelligence universelle en action permanente. Ainsi, vous vous ouvrez constamment à une autre dimension de la vie.

LES PLÉIADIENS

5. La loi d'affinité

5. La loi d'affinité

Nous, peuples unis des Pléiades, attachons une grande importance à nos cultures. La culture sacralise à nos yeux la présence éternelle de la Grande Loi : nous récoltons ce que nous semons.

Nous avons gravé dans notre conscience la responsabilité de ce que nous semons dans nos terres, mais aussi dans nos cœurs, dans nos pensées et dans nos actes.

Aujourd'hui nous souhaitons vous rappeler que la loi d'affinité est une force avec laquelle vous devez vous harmoniser chaque jour, à chaque instant. Et qu'en dansant avec elle, vous récolterez au-delà de vos espérances, comme une source éternelle. Semez ce que vous voulez voir germer et ne fertilisez pas les sols de ce que vous ne voulez plus cueillir.

CLÉ ASCENSIONNELLE

Dans tout ce que vous semez, veillez à ce que chaque graine contienne de l'Amour.

LES PLÉIADIENS

6. La réceptivité

6. La réceptivité

Les demandes que vous formulez sont toutes entendues. Nous, peuple des Pléiades et guides de nombreux être de la Terre, voulons vous dire aujourd'hui que vos demandes sont toujours écoutées et prises en considération. Nous entendons toutes vos pensées et, depuis notre plan de réception, nous percevons les choses au-delà de l'opacité de votre monde.

Nous souhaitons vous rassurer et vous conseiller aujourd'hui sur votre manière de percevoir nos réponses. Celles-ci sont tissées dans votre quotidien et ne peuvent être reçues qu'à partir d'une disponibilité intérieure calme et sereine.

Vous devez apprendre à cultiver cet état intérieur pour fluidifier votre communication avec nous et vous rendre disponible pour accueillir nos suggestions au présent.

CLÉ ASCENSIONNELLE

Créez un espace calme et serein en vous pour pouvoir écouter nos suggestions silencieuses.

LES PLÉIADIENS

7. La liberté

7. La liberté

Le peuple des Pléiades jouit d'une immense liberté. Elle a été acquise par des éons d'évolution et d'exploration. Toutes les expériences sont porteuses de leçons qui enrichissent l'âme.

Nous souhaitons vous rappeler que vous êtes exactement où vous devez être. Vous êtes bien plus libre que les limites que vous percevez. Vous êtes ici pour être fidèle à ce que vous êtes. Les choses peuvent devenir simples et fluides si vous cessez de résister à l'expérience que vous avez choisie. Vous pouvez décider maintenant de vous accorder avec cette expérience pour la vivre pleinement. Vous pouvez accueillir les situations qui vous sont présentées comme des opportunités d'exprimer votre vibration unique.

Ne vous souciez pas de ce que l'on attend de vous ou de ce que l'on pense de vous. Amusez-vous.

CLÉ ASCENSIONNELLE

Vous êtes là où vous devez être, là où vous avez choisi d'apprendre et de vous amuser.

LES PLÉIADIENS
8. L'équilibre

8. L'équilibre

Trouvez le point d'équilibre dans votre vie.

Chaque jour est composé de divers courants qui vous parcourent. Ces courants ont des actions différentes sur chaque individu. Cela dépend de notre capacité d'harmonisation intérieure avec ces courants.

Le travail est important pour vous mais nous vous suggérons de considérer également le travail silencieux intérieur. Quand vous n'êtes pas en action, vous pouvez profiter des courants d'intégration pour vous déposer sans vous échapper. Certains de vos centres d'intérêt sont des fuites durant ces moments d'intégration. Vous avez tendance à vous laisser distraire pour fuir un travail d'introspection ou le remettre à plus tard. Les périodes de travail, d'intégration et de distraction doivent trouver un équilibre pour vous donner plus de joie et de bonheur.

CLÉ ASCENSIONNELLE

L'équilibre soutient votre bonheur et votre épanouissement.

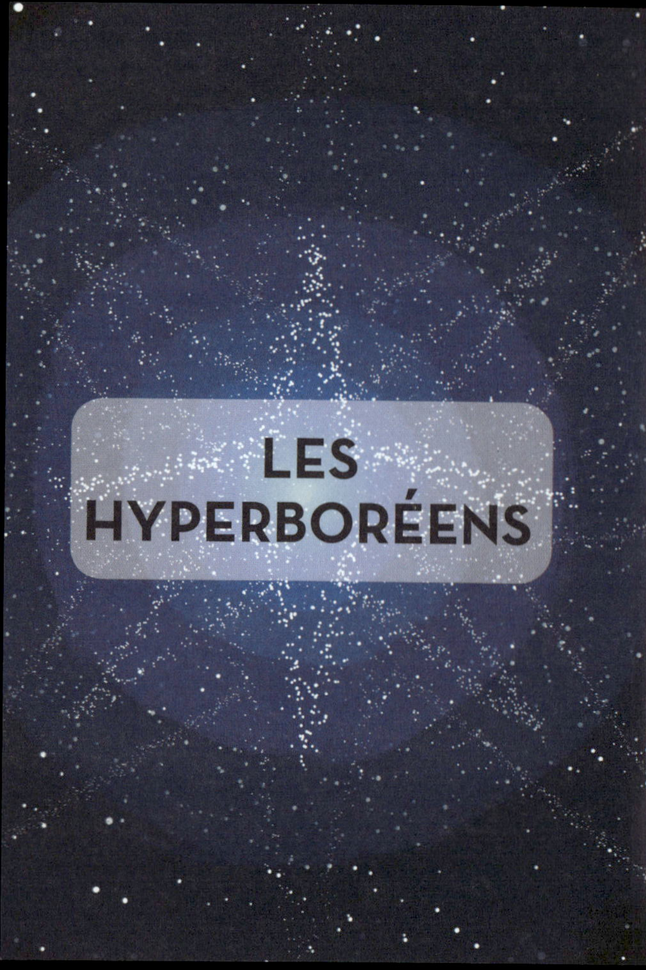

LES HYPERBORÉENS

Les origines

Nous sommes parmi les premiers civilis
de ce que vous nommez aujourd'hui Ag
Dans des temps très reculés de l'exis
de votre monde, bien avant les civilis
englouties, notre continent était compos
quasi-totalité de la croûte terrestre viv
Paix. Notre civilisation avait déjà connai
des lois de l'Univers, amenées de nos o
stellaires.

Quand arriva le temps du cycle du
Déluge, nous creusâmes les artères du ro
souterrain qui accueille aujourd'hui d
breuses autres civilisations évoluées.

Nous vous considérons comme nos petit
et nos petites sœurs, nous vous aidons
aiderons jusqu'au jour de nos retrou
lorsque le peuple de la surface aura ou
propres portes intérieures.

9. L'ascension

Nous, les Hyperboréens, avons migré dans une période très reculée de votre temps, au centre de la Terre.

Dans l'évolution d'un humain arrive un moment où il rentre en lui-même pour y découvrir des trésors jusque-là insoupçonnés. Des forces et des présences qui l'habitent et le soutiennent, qui le guident et le préviennent. En poursuivant son exploration d'une manière verticale et non plus horizontale, l'humain se dirige vers le cœur même de son existence, au-delà de ce qu'il pensait connaître, il entreprend son ascension dans les secrets de l'Univers.

Par ce message nous souhaitons vous rappeler que les forces que vous cherchez sont toujours demeurées en vous-même.

CLÉ ASCENSIONNELLE

Entrez en vous pour harmoniser les forces et les énergies qui seront dirigées vers l'extérieur.

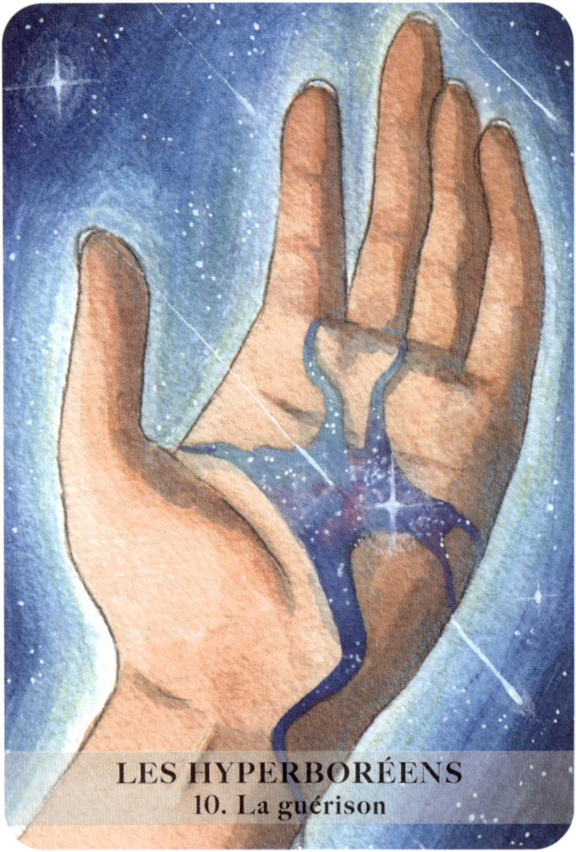
LES HYPERBORÉENS
10. La guérison

10. La guérison

Nous, les Hyperboréens, avons éradiqué toute présence de maladie.

Nos véhicules de matière sont plus grands que ceux des Terriens de la surface et nous jouissons d'une santé parfaitement équilibrée.

Nous souhaitons porter à votre conscience que vos maux actuels proviennent d'une friction, d'une résistance quant à l'accueil de votre état présent. Lorsque vous souffrez, le refus d'accepter votre état d'être crée un contre-courant qui vous empêche d'accueillir votre guérison. Accueillez la maladie, acceptez votre état et vous ouvrirez en vous le chemin de la guérison par le souffle de vie intelligente qui harmonise ce qui cesse de résister. N'ayez pas peur de vous abandonner à l'expérience que vous vivez, vivez-la pleinement et vous constaterez que ce sont vos propres résistances et la non-acceptation qui vous empêchent de vous harmoniser à nouveau avec la santé et la Paix.

CLÉ ASCENSIONNELLE

Accepter de guérir commence par arrêter de résister aux états que nous traversons.

LES HYPERBORÉENS
11. La transition

11. La transition

Nous, les Hyperboréens, sommes souverains du monde spirituel et de sa diffusion.

Tel un grand vaisseau, la Terre se déplace dans des régions stellaires qui l'élèvent dans de nouvelles vibrations. Avec elle, tous ses enfants pénètrent dans ces nouvelles régions de l'espace cosmique et le peuple de la surface n'est pas épargné.

Aujourd'hui nous souhaitons vous parler de cette période de transition et du manque de repères que vous pouvez ressentir. Dans cet « entre-deux-mondes », un modèle s'efface et un nouveau germe.

Nous vous conseillons simplement d'entretenir et de diriger vos actions et vos pensées sur le modèle émergeant. Vous avez les énergies nécessaires pour participer à son émergence, vous n'avez pas besoin de vous préoccuper de l'ancien modèle et de son effondrement.

Ne redoutez pas cette transition, accompagnez-la de tout votre Amour et votre douceur.

CLÉ ASCENSIONNELLE

Accompagnez et œuvrez pour le monde que vous voulez voir jaillir sur Terre, laissez l'ancien dans sa trame du passé.

LES HYPERBORÉENS

12. Les souvenirs

12. Les souvenirs

Nous, les Hyperboréens, sommes les souvenirs de vos origines, les fondateurs des énergies qui ont décliné pendant une très longue période et qui émergent à nouveau à la surface de la Terre aujourd'hui.

Par ce message nous souhaitons vous rappeler l'importance du souvenir. Les souvenirs ont des vertus lorsqu'ils sont utilisés pour de nobles causes.

Souvenez-vous de tout le chemin que vous avez parcouru.

Souvenez-vous que vous êtes plus que ce que vous percevez.

Souvenez-vous de toutes les étapes que vous avez franchies dans cette vie et des leçons que vous avez récoltées.

Cela vous donne le courage de poursuivre vos efforts et de constater vos propres transformations.

Les souvenirs sont des balises qui peuvent faciliter vos explorations futures mais ils ne doivent jamais vous emprisonner dans un passé révolu.

CLÉ ASCENSIONNELLE

Les souvenirs doivent servir une noble cause et vous aider à aller de l'avant.

LES ANCIENS MAYAS

Les origines

L'origine céleste de notre peuple remonte à la constellation des Pléiades. Certains d'entre nous sont entrés dans la Terre creuse au début de la période du grand déclin, avant l'émergence de la nouvelle humanité.

Ce sont la nature et les étoiles qui nous ont guidés vers les portes du centre de la Terre depuis lesquelles nous vous aidons et vous guidons aujourd'hui.

Nous sommes nous aussi de votre famille, des cousins éloignés, et avons laissé à la surface de la Terre nos savoirs pour ceux qui sont destinés à les trouver et à les porter à la connaissance de la conscience collective, afin de soutenir et de participer à son grand réveil actuel.

Nous portons régulièrement secours aux âmes qui ont perdu la connexion avec leur dimension spirituelle et divine.

LES ANCIENS MAYAS

13. Les relations

13. Les relations

Nous, les anciens Mayas, sommes des êtres qui travaillons en équipe, telle une grande famille soudée.

Par ce message, nous voulons vous rappeler l'importance de vous entourer d'êtres qui vous ressemblent pour mener à bien vos missions ici sur Terre. Les êtres dont vous vous entourez ont un grand impact sur vos aptitudes et le développement ou le non-développement de vos possibilités de création.

Prenez soin de cultiver de réels échanges et de privilégier des relations saines et sans ambiguïté.

Un bon ami vous aidera infiniment plus qu'une bande d'amis qui ne vous connaît pas réellement et qui ne manifeste pas profondément l'envie d'apprendre à vous connaître.

Ne restez pas au stade superficiel de vos relations quotidiennes, nourrissez celles qui méritent que vous y consacriez votre énergie.

CLÉ ASCENSIONNELLE

Les relations de notre vie sont des moteurs d'évolution ; apprenez à reconnaître les relations qui vous enrichissent intérieurement.

LES ANCIENS MAYAS
14. L'union stellaire

14. L'union stellaire

Il n'existe pas de frontière entre le ciel et la Terre. Les étoiles de la voûte céleste touchent les êtres de la surface de la Terre dans leurs enveloppes, à travers les énergies qui les composent. Nous pourrions dire que vous êtes composé de toutes les énergies des astres et que ces astres vivent d'une certaine manière en vous.

Les astres et la Terre forment une grande famille et vous êtes totalement immergé dans cette union stellaire. Nous portons ces souvenirs à votre connaissance pour vous rappeler que vous n'êtes jamais seul dans l'immensité du cosmos.

Vos préoccupations peuvent trouver du repos lorsque vous vous reliez à la grande famille de la voûte céleste. En adoptant spontanément cet angle de vue, vous créez l'espace intérieur depuis lequel la perspective de vos préoccupations peut grandement s'apaiser et trouver un nouveau souffle porteur.

CLÉ ASCENSIONNELLE

La perspective stellaire permet d'apaiser vos préoccupations superficielles.

LES ANCIENS MAYAS
15. Les anciennes vies

15. Les anciennes vies

Les souvenirs traumatisants qui agissent comme des ponts de réminiscence doivent trouver une porte de sortie.

Nous portons aujourd'hui à votre connaissance notre science des cordes temporelles pour vous rappeler l'importance de laisser le passé dans son segment.

Nous, médecins des étoiles, pouvons agir avec vous pour réharmoniser ce souvenir et lui donner un dénouement doux et apaisant. Ce qui n'a pas pu être créé à ce moment-là peut être rectifié aujourd'hui et cette scène peut trouver une issue favorable.

En vous permettant de pardonner, vous avez le pouvoir d'honorer ce souvenir parmi les autres épreuves que vous avez laissées derrière vous durant d'autres vies.

La vie est elle aussi une succession de petites vies dont certaines peuvent être anoblies car elles ne sont plus nécessaires à l'être que vous êtes devenu.

CLÉ ASCENSIONNELLE

Laissez l'être que vous êtes devenu se libérer de ses anciennes vies.

LES ANCIENS MAYAS

16. La nature

16. La nature

La voix du cosmos parle à travers toute la création.

La Lumière et le souffle de la vie trouvent leur résonnance dans tous les éléments de la nature et leur agencement.

Vous avez récemment manifesté l'envie d'approfondir votre reliance au monde subtil et ceci est le message que nous venons porter.

En vous rapprochant davantage de la nature, de ses enseignements et de sa divine présence, vous vous rapprochez de votre nature véritable et de tout votre potentiel encore en sommeil. Ne cherchez pas les secrets de l'Univers dans des constructions trop éloignées de l'art originel.

Les lois de vie sont toutes dans la nature qui en est sa plus belle représentation. Ce que vous cherchez à connaître, la nature l'exprime chaque jour.

CLÉ ASCENSIONNELLE

Approfondissez votre lien avec la nature pour approfondir votre connaissance de SOI et vos talents cachés.

LES ANCIENS AZTÈQUES

Les origines

Nous, ancien peuple de la surface de la Terre, portons nos origines en partie à travers nos cousins de « l'Ancienne Égypte », en rapport à notre ancienne civilisation commune que fut la grande Atlantide.

Durant toutes les époques de transition à la surface de la Terre, des colonies émergèrent dans le but de préserver les savoirs de nos parents des étoiles, jusqu'au jour où nous nous réunirions tous dans le centre de notre sphère. Là où nous vous attendons aujourd'hui, pour l'union du ciel et de la Terre.

Nous avons laissé derrière nous des savoirs qui seront bientôt étudiés et utilisés pour l'émergence de la nouvelle Terre, pacifique, fraternelle et unie. Nous sommes toujours présents et nous communiquons régulièrement avec nos lignées restantes sur la surface.

LES ANCIENS AZTÈQUES
17. La hiérarchie divine

17. La hiérarchie divine

Nous, peuple d'origine stellaire, mesurons l'importance du respect de la hiérarchie divine.

Dans notre organisation, nous avons reflété la hiérarchie divine en plaçant au centre des décisions des êtres dignes de confiance et d'une grande sagesse.

Par ce message, nous venons vous conseiller de placer votre confiance en des personnes qui font preuve de dévouement et d'une réelle sagesse désintéressée.

Pour donner votre confiance, vous devez également vous-même faire preuve d'honnêteté envers vous concernant les intérêts que vous cultivez. Des intérêts trop égoïstes attireront à vous des personnes en qui vous serez susceptible de placer une confiance aveugle, perdant votre propre capacité de discernement. Plus vos intérêts sont purs et transparents, dirigés vers le collectif, et plus vous aurez le discernement nécessaire pour vous entourer des bonnes personnes et mener à bien vos projets.

CLÉ ASCENSIONNELLE

Évaluez la nature de vos intérêts et faites preuve de discernement dans le choix de vos collaborateurs.

LES ANCIENS AZTÈQUES
18. Les symboles

18. Les symboles

Les symboles sont très présents dans notre culture car ils nous rappellent sans cesse les hauts idéaux pour lesquels nous œuvrons et les lois qui permettent leur accomplissement.

Certains symboles traversent les âges mais vous avez la possibilité de développer votre propre lexique de symboles intérieurs afin de fluidifier la clarté des messages que vous recevez. Étudiez votre ressenti sur les formes qui se présentent à vous. Les objets du quotidien peuvent porter un symbolisme fort pour vous guider vers une pratique, une action ou une introspection.

Les symboles que vous recevez régulièrement sont des formes de communication, de vibration et de guérison que vous pouvez accueillir sans en chercher une signification précise.

Laissez-vous davantage porter par le sentiment que ces symboles vous procurent.

CLÉ ASCENSIONNELLE

Ressentir est la clé de la connaissance. Savoir, c'est accueillir la vibration qui nous traverse.

LES ANCIENS AZTÈQUES
19. La porte intérieure

19. La porte intérieure

L'émergence du soleil intérieur est la naissance d'un être réalisé.

L'initié prend alors conscience que dans la construction même de son être réside un astre qui lui ouvre toutes les portes du cosmos. Cette porte ne doit pas être cherchée hors de vous-même car les sentiers de la tentation ne cesseront de vous en donner l'illusion.

Pour toutes vos questions, nous voulons vous rappeler l'importance de cette porte intérieure par laquelle vous devez vous habituer à passer avant de chercher en dehors de vous les informations que vous demandez. Comment accéder à cette porte ? Vous n'avez pas à agir pour vous retrouver dans cet espace, seulement à vous laisser glisser en lâchant vos résistances sur l'instant, à vous y déposer en gratitude de retrouver ce bain céleste.

C'est le retour à la non-attente, à l'être, à l'état originel de complétude.

CLÉ ASCENSIONNELLE

Ne cherchez pas en dehors de votre soleil intérieur pour ne pas vous éloigner de la clarté de sa Lumière.

LES ANCIENS AZTÈQUES
20. Les passages

20. Les passages

La mort est un passage d'un état à un autre, comme il en existe par milliers dans la divine matrice de la nature.

Si vous lisez ce message aujourd'hui, c'est parce que la question que vous vous posez est liée à un passage, une renaissance, un changement ou une mort. Certaines étapes sont destinées à se terminer pour laisser place à de nouveaux modes d'exploration.

Nous, frères des étoiles et de la Terre, venons vous soutenir dans les passages que vous vivez actuellement et vous rappeler que, pour nous, chaque passage représente une grande source de réjouissance. Ces transitions ont toutes un but évolutif. Les célébrer nous aide à en faire le deuil et à réunir nos énergies dans l'accueil de la prochaine étape qui se présente à nos portes.

CLÉ ASCENSIONNELLE

Célébrez toutes les formes de changement ; elles sont porteuses d'évolution et vous permettent d'accéder à de nouveaux apprentissages.

LES ANCIENS LÉMURIENS

Les origines

Nous, frères et sœurs de Mu, sommes les parents de la civilisation atlante.

Nos origines lointaines prennent racine dans le peuple actuel des Vénusiens.

Nous sommes nous aussi issus de la famille du cosmos. Vous apprendrez avec le temps que toutes les civilisations y trouvent leur origine car les sphères sont des foyers d'évolution qui se transforment sans cesse.

Tous les changements font partie des courants de vie qui s'expriment dans l'espace de l'infini. Nous avons été longtemps présents à la surface de la Terre. Mais aujourd'hui, les souvenirs se sont éparpillés et ont parfois été mélangés à d'autres civilisations nées plus tard.

Nous faisons partie de la création du royaume souverain de la Terre creuse, entourés de ceux qui nous ont rejoints au fil des âges.

LES ANCIENS LÉMURIENS
21. La connaissance de Soi

21. La connaissance de Soi

Nous, anciens Lémuriens, travaillons conjointement avec vous sur Terre pour l'émergence de la nouvelle Lémurie.

Peuple hautement spirituel, lorsque nous vivions à la surface de la Terre, nous entretenions un rapport à la vie très lié aux mondes subtils.

Nous avons privilégié nos aptitudes naturelles et travaillé à leur développement pour nous aider dans tous les domaines. Le domaine de la connaissance de Soi a toujours été privilégié et nous a permis de construire dans la matière des édifices dont vous ignorez encore le processus de réalisation.

Les clés des plus grandes réalisations se trouvent dans la connaissance de Soi, qui est une priorité.

Si vous rencontrez des blocages dans ce que vous voulez entreprendre, dirigez votre regard vers l'intérieur.

CLÉ ASCENSIONNELLE

L'étude et la connaissance de SOI doivent être le fondement de vos réalisations et de vos entreprises individuelles.

LES ANCIENS LÉMURIENS
22. L'énergie

22. L'énergie

Améliorez vos capacités d'expression.

Durant notre période sur la surface de la Terre, mais également aujourd'hui en son sein, nous communiquons essentiellement de manière vibratoire et télépathique. Ceci dans le but de préserver notre énergie et de ne pas la disperser dans des échanges à sens unique.

Si nous nous adressons à vous aujourd'hui, c'est pour vous rappeler l'importance de préserver votre énergie et de la diriger vers des échanges à double sens qui vous permettront de récupérer l'énergie que vous dispensez.

Quand vous donnez votre énergie, votre temps et vos mots à des êtres ou à des activités qui vous vident de votre force lumineuse, vous vous exposez inutilement à une baisse de vibration qui peut entraîner des états d'être et des états physiques pénibles.

Préservez-vous. Dirigez vos énergies avec conscience vers ce qui vous nourrit en retour.

CLÉ ASCENSIONNELLE

La source d'énergie que vous portez est précieuse et doit trouver une résonnance quand vous l'utilisez.

LES ANCIENS LÉMURIENS
23. L'empathie

23. L'empathie

L'empathie est un phénomène de résonnance des particules de Lumière en votre être.

Nous, ancien peuple de la Lémurie, ne subissons pas l'empathie comme c'est le cas pour beaucoup d'être ici sur la surface de la Terre.

L'empathie est une augmentation de la réceptivité dont l'humain est destiné à être pourvu de plus en plus profondément pour dévoiler en sa conscience son appartenance à la matrice divine. Ce que nous appelons « matrice divine » est l'ensemble des formes et non-formes vivantes qui composent la création.

Ce message vous arrive aujourd'hui pour vous conseiller de considérer l'hyper-empathie comme une possibilité de reliance approfondie, un outil organique qu'il vous faut apprendre à maîtriser intérieurement. Cette sensibilité est un atout de communication subtile et de réception destiné à mettre en lumière ce qui ne pourrait être perçu uniquement d'un point de vue tridimensionnel.

CLÉ ASCENSIONNELLE

L'empathie est source d'informations subtiles et doit être utilisée en tant que telle. La maîtrise intérieure soutient le travail de l'empathe.

LES ANCIENS LÉMURIENS
24. L'eau

24. L'eau

L'eau est un des vecteurs de l'énergie universelle.

Notre civilisation a développé depuis des éons une communication accrue avec les peuples marins tels que les mammifères de Sirius.

L'eau est une forme vivante qui permet de conduire des énergies de haute intensité.

Dans ce message, nous souhaitons vous parler de l'eau pour vous rappeler l'importance d'imprégner l'eau que vous buvez par la vibration de votre volonté profonde. Pour assimiler une eau, votre corps a besoin d'entrer en résonnance avec celle-ci. Pour faciliter cette résonnance, vous avez naturellement la capacité à relier vos pensées à l'eau, programmant ainsi l'énergie qu'elle doit véhiculer.

CLÉ ASCENSIONNELLE

L'eau est un messager, un vaisseau sous forme liquide qui peut être programmé par votre volonté profonde et lumineuse.

LES ANCIENS INCAS

Les origines

Nous, ancien peuple de la Terre, sommes aujourd'hui gardiens de plusieurs cités intraterrestres.

Avant la chute de notre civilisation à la surface de la Terre, nous entretenions des rapports étroits avec les êtres hautement évolués de la grande alliance universelle, et plus particulièrement avec des êtres de grande sagesse, originaires de Vénus.

Avant que la religion du matérialisme envahisse notre continent et qu'un voile d'obscurité spirituelle se dépose sur nos terres, certains d'entre nous sont entrés dans le cœur de la Terre pour préparer l'avènement de la religion solaire. Nous sommes aux portes de cette nouvelle ère.

LES ANCIENS INCAS
25. Les forces magnétiques

25. Les forces magnétiques

Nous, peuple de l'alliance des étoiles, avions développé des sciences que votre civilisation actuelle ne peut encore imaginer.

Les « pierres mégalithiques », dont les vestiges sont encore présents aujourd'hui sur nos anciens sites civilisés, nous permettaient de nous relier au magnétisme de la Lune. L'initié pouvait ainsi percevoir les choses non révélées de son présent telles que certains aspects du futur.

Nous venons aujourd'hui vous parler des forces magnétiques de la Lune que vous ne devez pas redouter mais avec lesquelles vous pouvez vous harmoniser pour construire un avenir prospère.

Concentrez-vous à recevoir les informations en ouvrant un espace intérieur pour vous adapter aux choses au lieu de projeter des scénarios négatifs qui paralysent vos ressentis profonds.

CLÉ ASCENSIONNELLE

Frayez un chemin intérieur pour recevoir les inspirations et éloignez-vous de vos propres projections négatives.

LES ANCIENS INCAS
26. Le soleil

26. Le soleil

L'obscurité qui s'installe est le reflet d'un éloignement spirituel et d'une pollution de l'esprit par des aspects égotiques et matérialistes.

L'humanité doit se tourner aujourd'hui vers les profondeurs de sa divinité en se reliant à son soleil. Le soleil est le reflet de la Lumière en chacun de nous et celui qui s'ignore ignore le soleil du monde, la Paix, l'Amour et l'harmonie.

Si vous traversez une période sombre, nous vous rappelons par ce message que vous êtes votre propre barrière au soleil qui demeure en vous. Dépolluez vos pensées et vos sentiments et vous pourrez le voir briller à nouveau. La chaleur réconfortante du soleil agit comme les bras d'une mère. En vous se dresse la Mère universelle et le pouvoir de l'Esprit pur.

CLÉ ASCENSIONNELLE

Pour organiser votre vie dans le bonheur et l'harmonie, commencez par éclairer votre propre temple intérieur et triez ce que vous y avez déposé.

LES ANCIENS INCAS
27. Le Grand Esprit solaire

27. Le Grand Esprit solaire

Notre culture est basée sur l'énergie solaire. Cette énergie est intelligente et vivante. Elle émane du pur Esprit et dirige nos actions en fertilisant nos corps subtils pour leur suggérer des actions ou produire des visions.

Vous avez en vous cette souche de la culture solaire et vous avez la capacité d'ouvrir votre esprit pour recevoir les suggestions du Grand Esprit solaire.

Nous exprimons aujourd'hui notre soutien à ce que vous avez ressenti et vous accompagnons dans ce processus d'ouverture.

Accueillez la réception comme un passage vers une autre dimension de la vie, une nouvelle dimension qui vous ouvre ses bras aimants et bienveillants.

CLÉ ASCENSIONNELLE

Le Grand Esprit solaire est l'émanation de l'intelligence universelle qui fertilise nos esprits. S'ouvrir à lui annonce l'approche de bénédictions futures.

LES ANCIENS INCAS
28. La lumière

28. La Lumière

Certains d'entre nous ont été invités à l'exploration de civilisations plus évoluées, sur d'autres sphères, et y avons été enseignés sur la matière. La matière telle que vous la connaissez vibre au niveau le plus éloigné de la permanente Lumière.

Si vous déposez vos préoccupations uniquement sur le niveau matériel, vous vous éloignez de la Lumière et vous tombez dans une obscurité qui vous procure beaucoup de maux, de souffrances et de maladies.

Nous voulons vous rappeler l'importance de vous relier à votre être véritable, au-delà de l'identité qu'il revêt aujourd'hui.

Vous êtes un grand Esprit qui vivez une expérience en partie matérielle, mais vous devez être en mesure de prendre de la hauteur pour revenir aux plans spirituels. Car ce sont eux qui sculptent les formes du futur.

CLÉ ASCENSIONNELLE

Ne vous attachez pas aux préoccupations matérielles. La Lumière agit à partir des plans spirituels, nourrissez-les en élevant vos pensées et vos sentiments.

LES ANCIENS TOLTÈQUES

Les origines

Originaires de la Voie lactée, nous sommes parmi les premiers bâtisseurs du cycle qui s'achève actuellement sur Terre. Nous, les anciens Toltèques, avions laissé en héritage nos savoirs à nos frères et sœurs du Soleil pour le Grand Dévoilement. Nous avons rejoint la Terre creuse et notre famille cosmique afin de poursuivre notre travail. Sur Terre, nous jouissions d'une vie harmonieuse et respectueuse de la création. Nous entretenions des rapports avec la Fraternité du cosmos qui nous rendait visite en paix et sans risque. Après une longue période, le développement d'une autre civilisation ne permit plus ces contacts directs et ils s'effectuèrent au travers d'autres plans de conscience. Aujourd'hui, ils se rendent de plus en plus visibles pour accompagner les changements de la Terre et témoigner de leur présence pacifique et aimante.

LES ANCIENS TOLTÈQUES
29. Le courant

29. Le courant

Nous, les anciens Toltèques, avons connaissance des cycles planétaires et des phases engendrées par les mouvements stellaires.

L'humain de la Terre cherche sans cesse à contrôler le changement. Il doit modifier cette manière de se confronter aux événements et apprendre à s'harmoniser avec les évolutions.

Ce message que nous vous livrons aujourd'hui concerne l'attitude et le comportement à adopter face aux mutations que vous vivez actuellement. Les changements ne sont ni positifs ni négatifs, c'est l'attitude vis-à-vis de leur déroulement qui vous permettra d'en tirer une issue évolutive.

Rien ne sert de chercher à contrôler les mouvements de l'Univers reflétés dans les situations de votre quotidien. Cherchez à vous harmoniser avec les énergies du changement pour vous laisser guider par le courant.

CLÉ ASCENSIONNELLE

La résistance n'empêche pas le changement, elle le rend plus douloureux.

LES ANCIENS TOLTÈQUES
30. Le temple intérieur

30. Le temple intérieur

✳

Les fondations d'une nouvelle ère, d'une nouvelle civilisation, d'une nouvelle humanité ne se trouvent nulle part ailleurs que dans l'humain lui-même. En déployant nos ressources intérieures, nous avons répandu sur Terre, en notre époque, un modèle d'existence prospère et saint qui inspira d'autres populations de la Terre. Pour bâtir le nouveau, vous devez l'ériger dans vos propres temples intérieurs et en devenir les inspirateurs. Nous souhaitons vous rappeler aujourd'hui que les porteurs des nouveaux modèles de vie doivent en être les fondateurs. Si vous souhaitez voir les choses sortir de Terre, vous devez être celui qui y dépose les graines.

CLÉ ASCENSIONNELLE

Reliez vos inspirations profondes à vos actions pour voir éclore ce que vous portez en vous sur Terre.

LES ANCIENS TOLTÈQUES

31. Le mariage

31. Le mariage

Le mariage tel que nous le considérons est l'union sacrée de l'Esprit père, la tête, à l'Esprit mère, le cœur. Cette union est la première qui doit s'opérer dans l'être humain afin de faciliter toutes ses relations futures.

Quand l'humain cherche un compagnon de vie, son âme cherche inconsciemment cette fusion et il peut se perdre en chemin, pensant que l'autre est la seule possibilité de devenir un être entier. La confusion est grande et le but recherché à l'extérieur peut apporter beaucoup de souffrances, dont la solitude.

Apprenez à considérer la fusion du cœur et de la tête comme le garant de votre Paix et de l'harmonie de votre vie. Cessez de vous tourner vers l'extérieur et, lorsque vous serez entier, vous attirerez un être entier si cela fait partie de votre chemin.

CLÉ ASCENSIONNELLE

Le mariage doit être considéré d'un point de vue spirituel. Il est le symbole de l'androgynie originelle.

LES ANCIENS TOLTÈQUES
32. L'Esprit solaire

32. L'Esprit solaire

L'égo est une forme d'autoconstruction induite par la peur au travers de l'ignorance. Il a son utilité mais nous devons apprendre à le dominer.

Nous, peuple du Soleil, connaissons l'existence des illusions de la matière et de ses créations. L'épuration de l'égo fait partie des apprentissages fondamentaux pour assurer à l'âme la liberté d'être, au-delà des limites induites par l'orgueil, la jalousie, la haine ou la colère.

Nous apprenons très tôt à purger ces ressentiments en nous reliant à notre soleil central, portail interstellaire situé dans la région de notre ventre.

Si les ressentiments obscurcissent vos pensées, veillez à purifier les souffrances induites par votre égo et retrouvez la Lumière salvatrice de l'Esprit solaire.

Le souffle harmonieux et la visualisation de votre Soleil peuvent vous accompagner dans ce processus.

CLÉ ASCENSIONNELLE

L'harmonie se trouve en dehors des limitations de l'égo.

LES CHIPPEWA

Les origines

Nous, Ojibwés ou Chippewa selon vos langues, sommes les descendants de nos frères et sœurs célestes et peuplons encore la surface de la Terre à l'heure actuelle. Nous avons pour mission de garder et de préserver les terres et la culture en prévention des changements. Notre civilisation a toujours entretenu des rapports avec nos compagnons du ciel et du dedans de la Terre, à travers les visions de nos maîtres de sagesse. Nous avons participé à de nombreuses missions de sauvegarde et de pacification en créant des alliances selon ce que les grands sages du ciel nous montraient. Aujourd'hui, à la surface comme au centre de la Terre, nous participons à la protection et à l'épuration de la Terre pour son ascension. Nous nous réjouissons de la réunification des plans de la Terre pour le grand retour à l'harmonie et à la Paix.

LES CHIPPEWA

33. La croissance

33. La croissance

Les rituels sont des célébrations qui nous permettent d'unir notre conscience et notre Lumière dans un but fraternel et pacifique.

Nous travaillons avec les forces de la Terre et son chant sacré. Nous travaillons avec les forces stellaires de ses sœurs et nous entrons en harmonie avec ses courants pour créer une onde salvatrice et bienfaitrice.

Nous vous portons ce message aujourd'hui pour vous rappeler l'importance de mettre de la conscience et de l'Amour dans vos gestes afin de créer le souffle prospère de votre vie. Pour que ce souffle prenne de la force, vous pouvez d'abord préparer en vous les conditions de sa croissance.

Les gestes et les pensées sans conscience laissent des traces dans votre énergie. Lorsque vous revenez dans la conscience de vos pensées et de vos gestes, vous pouvez accueillir ce souffle et créer une onde favorable à votre état d'être et à vos réalisations.

CLÉ ASCENSIONNELLE

Unir la conscience à la volonté dirige l'énergie qui provient du sommet vers le sol pour le fertiliser.

LES CHIPPEWA
34. Les formes

34. Les formes

Nous, peuple de la science de la nature, avons été influencés par les peuples qui sont venus ensemencer la surface de la Terre, tels que les Lémuriens.

Nos habitations en forme de dômes sont issues de la science sacrée et de l'harmonie des formes. Science à laquelle aujourd'hui de nombreux êtres se familiarisent à nouveau, en tant que fondateurs de la nouvelle Terre. Nos habitations sont le reflet de notre propre organisation intérieure.

Vous pouvez apprendre à harmoniser les courbes et les formes pour créer un espace où l'énergie peut circuler. L'environnement dans lequel vous évoluez a une grande incidence sur votre état d'être et son niveau de vibration. Vous pouvez vous permettre de créer de l'harmonie pour changer la vibration d'un espace et sa destinée.

CLÉ ASCENSIONNELLE

L'énergie crée la forme et la forme peut créer l'énergie que vous recherchez.

LES CHIPPEWA

35. Les forces

35. Les forces

En tant que gardiens de la nature, les grands sages parmi nos ancêtres nous ont partagé leurs connaissances des forces sculptant les reliefs et préservant l'équilibre.

L'intelligence unique issue de la Grande Loi s'est divisée en plusieurs forces qui travaillent conjointement, dans un mouvement permanent. Si l'une de ces forces est perturbée, elle engendre une dysharmonie qui devra être réparée.

Ces forces agissent de la même manière à l'intérieur de nous. Si nous n'équilibrons pas nos visions, notre volonté, nos pensées et nos gestes, nous créons des courants dysharmoniques qui pourront provoquer en nous des souffrances inutiles.

En prenant conscience des forces qui vous animent, vous êtes en mesure de trouver cet équilibre et d'en devenir le gardien.

CLÉ ASCENSIONNELLE

Les forces de la nature qui nous animent doivent être tenues en équilibre.

LES CHIPPEWA
36. L'Amour

36. L'Amour

La pollution de votre monde vient de la pollution psychique qui recouvre la conscience de nombreux voiles.

Les préoccupations d'ordre climatique doivent trouver une résonnance dans vos propres schémas intérieurs.

La Terre qui nous accueille a besoin d'être soutenue par des êtres rayonnant une énergie légère et créatrice.

Les germes de la pollution sont d'abord intérieurs et c'est en ce lieu que l'humain doit commencer par les traiter.

Nous, peuple de la nature divine, gardiens des lacs et des forêts, savons que pour préserver ces paradis, nous devons éduquer ceux qui les détruisent. La solution réside dans l'Amour et la conscience que l'humain doit ouvrir en lui-même.

Si vous souhaitez aider la Terre à se purifier, c'est en vous qu'il faut commencer.

CLÉ ASCENSIONNELLE

Si vous voulez aider la Terre, élevez votre regard vers la dimension spirituelle de votre être en entier.

LES GRANDS MAÎTRES

Les origines

Nous, vos frères et sœurs de la Lumière, sommes à vos côtés depuis l'Éternel. Nous avons pour chacun un rôle spécifique dans la floraison de l'humanité terrestre. Au commencement de la civilisation actuelle, il y a 12 000 ans, nous avons préservé les savoirs pour l'humain en devenir. Aujourd'hui, sortant d'une longue période d'involution, le rideau se lève sur les filles et les fils du Soleil. Notre rôle est de vous assister à travers tous les aspects dimensionnels du processus de retour au Soi. Gardiens de vos mémoires, nous sommes voués à réaliser le Grand Dessein en accord avec le Logos planétaire. Certains d'entre nous sont revenus à plusieurs reprises s'incarner parmi les vôtres afin de favoriser des axes de développement spécifiques, nourrir l'Amour et la Lumière dans l'ouverture de la conscience humaine.

LES GRAND MAÎTRES
37. Sanat Kumara

37. Sanat Kumara

LES ORIGINES

Garant du développement de la conscience planétaire, Sanat Kumara, le Seigneur du Monde, également appelé « l'Ancien des Jours », est une Conscience cosmique œuvrant pour le Grand Dessein planétaire.

Issu des sommets de la hiérarchie divine, Sanat Kumara a choisi la Terre comme demeure temporaire pour venir en aide à toutes les formes de vie qu'elle porte en elle et faire jaillir sa Lumière divine en accord avec le Grand Dessein.

Le Logos planétaire œuvre à travers différents centres de rayonnement soutenus par une myriade d'êtres portant en eux la volonté de l'accomplissement de la Lumière parmi les semences du jardin de la Terre.

CLÉ ASCENSIONNELLE

Soyez le régent de votre système intérieur, le souverain et le gardien de votre Lumière.

MESSAGE

La meilleure manière de ne pas redouter le changement, c'est de le permettre, de le faciliter.

En vous harmonisant aux énergies du changement, vous entrez dans l'œuvre du Grand Dessein planétaire. En ne cédant plus à vos peurs, en élevant votre volonté au-delà de votre manque de sécurité, vous serez inspiré à incarner de nouveaux modèles de pensée et à bâtir de nouveaux modes relationnels basés sur la réciprocité, la transparence, l'humilité et le partage.

Vous avez en vous le pouvoir de vous en remettre au Grand Dessein planétaire et d'œuvrer conjointement à sa réalisation. La réalisation de votre être véritable, sa purification et sa libération se trouvent dans une nouvelle dimension de la liberté, celle qui vient de votre cœur, de vos profondes aspirations pour le monde, pour les êtres humains et toutes les formes de vie. Tout cet Amour que vous portez doit étendre ses racines et créer des réseaux lumineux pour ensemencer la Terre de Lumière et lui permettre d'entrer dans une nouvelle expression de vie, en harmonie avec les lois cosmiques et universelles.

Votre œuvre commence du dedans et s'étend en reflet vers l'extérieur comme une prolongation de votre vibration.

Le soleil de votre ciel étend ses rayons jusqu'à sa sœur cosmique et lui permet de la nourrir de vie. Il existe ce même soleil en chaque être, il a pour but de dispenser la vie. Ne craignez pas de rayonner depuis votre centre et d'inonder votre être de cette Lumière pour qu'elle dompte vos peurs au profit de votre cœur.

LES GRAND MAÎTRES
38. Amhaj

38. Amhaj

LES ORIGINES

Antérieurement connu sous le nom de « El Morya », il est le gardien du rayon bleu de la Vérité et régent de l'un des centres de la Terre creuse, nommé Aurora.

Incarné sur Terre en des périodes clés, il eut des rôles majeurs dans la libération de la conscience supérieure, notamment à la chute de l'Atlantide où El Morya établit la civilisation des Mésopotamiens.

Son travail consiste à libérer l'humain de sa volonté personnelle au profit de sa volonté supérieure pour l'émergence de la conscience planétaire unifiée. Il encourage les gens à utiliser la volonté divine plutôt que la volonté basse et œuvre ainsi à la libération de l'humain de sa propre prison mentale. Il aide tous les êtres vivants sur Terre pendant ces temps de grands changements.

Le centre Aurora dont il est à la tête a pour but d'aider l'humanité à entrer dans une nouvelle aube de son expérience de vie incarnée. Il a pour but d'aboutir à la transformation de la Terre et d'unifier le centre avec la surface.

CLÉ ASCENSIONNELLE

Devenez le terreau fertile de la Vérité en ouvrant votre cœur aux réalités supérieures.

MESSAGE

Le grand rayon bleu de la Vérité vous protège car il est la Lumière qui vous nettoie de l'ignorance et vous porte dans le cœur de la Vérité absolue.

Les peurs que vous vivez chaque jour vous lient à des résistances qui sont peu à peu en train de voler en éclat. Votre âme a entendu l'appel de la grande Vérité, celle qui lâche prise sur le temps, celle qui incarne le discernement du cœur et celle qui lave de toutes les peurs.

L'ignorance ne vit que dans l'ombre du manque de Vérité absolue. Ce rayon est porté sur vous actuellement pour briser vos dernières chaînes et vous entraîne doucement vers le large où la mer sera plus douce, vous portant au loin face à l'horizon.

La Vérité ne peut s'apprendre, la Vérité ne peut se chercher, la Vérité ne s'attend pas. Lorsque vous demandez la libération d'une peur ou d'une résistance dont vous avez conscience, vous vous donnez l'ouverture nécessaire au passage du rayon de la Vérité. Lorsque quelque chose ne va pas dans le sens que vous désirez, faites appel au rayon de la Vérité. Accueillez ce rayon, laissez-lui une place.

La Vérité explique toute chose sans jamais se montrer. Elle est partout en vous et autour de vous. L'humain incarne la Vérité lorsqu'il écoute son cœur, ses ressentis et exprime librement ses sentiments d'Amour. La Vérité ne peut se frayer un chemin que lorsqu'on ne l'attend pas. Elle s'introduit dans le lâcher, dans l'accueil, car elle demeure au cœur de la Paix, dans le sanctuaire de la Liberté.

Lorsque vous résistez à une pensée, à un devoir physique ou à un sentiment, foulez le chemin qui vous mène au cœur de la Paix, prenez le temps de cultiver votre jardin intérieur et la Vérité viendra vous cueillir. Sentez-vous ces moments de Vérité où son empreinte se glisse en vous comme une éclosion intérieure ? Votre cœur grandit, votre conscience s'anime et votre âme sourit, s'épanouit davantage.

LES GRAND MAÎTRES
39. Adama

39. Adama

LES ORIGINES

Adama est le Grand Prêtre de Telos, la cité lémurienne du royaume d'Agartha située sous le mont Shasta, en Californie.

Il y dirige le Conseil Lémurien de la Lumière et est ambassadeur et diplomate pour les contacts avec nos Frères et Sœurs des étoiles au nom de l'humanité de l'intérieur et de la surface de la Terre.

Adama est également responsable de la création et du maintien du réseau cristallin très important autour de cette planète. Pour effectuer cette tâche, il travaille en collaboration avec de nombreux membres de diverses origines stellaires et interplanétaires.

Maître de l'Amour et de la Compassion, il aide l'humanité et la planète dans son projet d'ascension.

Adama incarne le « Cœur de la Lémurie », qui n'est rien de moins que le cœur planétaire de l'Amour et de la Compassion, l'ouverture à la Mère divine et le retour de la conscience unifiée sur la planète Terre.

Notre famille lémurienne nous aide sur notre chemin évolutif et œuvre à renouer avec nous des liens plus conscients qui deviendront, comme ils le souhaitent, ceux d'une vraie famille réunie.

CLÉ ASCENSIONNELLE

L'Amour est la force universelle de la réalisation intérieure.

MESSAGE

Nous sommes là. Dans le cœur. Dans vos cœurs et dans le cœur de la planète.

Nous vivons en harmonie et vous vivrez vous aussi bientôt cette harmonie. Il reste encore des passages difficiles mais c'est une porte qui s'ouvre pour laisser s'engouffrer la Lumière qui bientôt illuminera vos cœurs d'une manière si intense que tout en sera balayé.

Vous ne pouvez encore vous imaginer totalement ce qui vient, ce qui s'ouvre. Mais déjà vous pouvez le ressentir.

Quand vous siégez au sein de votre Lumière, dans vos propres sanctuaires, vous pouvez ressentir cette Lumière de Paix et d'Amour se diffuser plus largement en vous et sur Terre.

Vous pouvez vous rapprocher chaque jour un peu plus de cette Lumière en vous. Elle est votre passerelle, celle qui vous guide et vous nourrit.

Nous vivons dans la Lumière de l'Amour qui nous éclaire de l'intérieur et nous sommes guidés par l'Amour pour vous aider dans cette ascension. Nous aidons en ce moment même dans de nombreux endroits de la Terre, depuis le centre et les cieux.

Allez dans votre centre et vos cieux.
Allez dans votre ciel intérieur et touchez
votre étoile de Lumière et d'Amour.
Vibrez en harmonie avec elle.

Nous vous aimons. L'Amour est la force qui crée votre futur. Créez avec Amour, pensez avec Amour, diffusez l'Amour que vous voulez voir jaillir sur Terre. Et l'Amour sera. L'Amour est toujours là. Prêt. Nous sommes prêts. Rayonnez la Lumière, soyez !

LES GRAND MAÎTRES
40. Solhuat Khutulli

40. Solhuat Khutulli

LES ORIGINES

Plus connu sous le nom de « Kuthumi », il est venu aider au développement spirituel et psychique des habitants de la surface de la Terre, afin d'élever les consciences et diffuser la connaissance universelle.

Il fut un disciple de Gautama Bouddha ou encore du grand philosophe grec Pythagore (en 500 avant Jésus-Christ environ).

Il apporta sur Terre la Lumière dans de multiples domaines tels que les mathématiques, l'astronomie ou la musique.

Il fut l'incarnation de l'un des trois mages du récit biblique ou encore saint François d'Assise (en 1200 de notre ère environ) où il œuvra notamment à l'évolution de milliers d'animaux.

En Inde, lorsqu'il fut Shâh Jahân au milieu du XVIIe siècle, Kuthumi édifia le Taj Mahal, l'un des édifices les plus beaux du monde.

En tant qu'instructeur du monde, Solhuat Khutulli a agi conjointement avec Amhaj, ce qui permet notamment la collaboration avec Helena Blavatsky et le fondement de la Société théosophique.

Il enseigne l'écoute de la Voix du Silence à travers une profonde humilité intérieure. La sagesse laissant place au silence, un espace d'harmonie et de Paix se crée et les pensées se libèrent au profit de la Lumière de notre être.

Ce grand être fraternel réside à Miz Tli Tlan, l'un des sept centres principaux du monde intérieur.

CLÉ ASCENSIONNELLE

Que tout votre être se libère de tout ce qui n'est pas Amour pur.

MESSAGE

Si l'Amour pouvait parler, il vous dirait :

« Fais de moi un instrument de ta Paix.

Là où est la haine, que je mette l'Amour.

Là où est l'offense, que je mette le Pardon.

Là où est la discorde, que je mette l'Union.

Là où est l'erreur, que je mette la Vérité.

Là où est le doute, que je mette la Foi.

Là où est le désespoir, que je mette l'Espérance.

Là où sont les ténèbres, que je mette la Lumière.

Là où est la tristesse, que je mette la Joie. »

Il vous conseillerait :

« Ne cherche pas tant à être consolé qu'à consoler,
à être compris qu'à comprendre,
à être aimé qu'à aimer.

Car c'est en se donnant qu'on reçoit, c'est en s'oubliant qu'on se retrouve, c'est en pardonnant qu'on est pardonné, c'est en mourant à soi qu'on ressuscite à l'éternelle vie. »

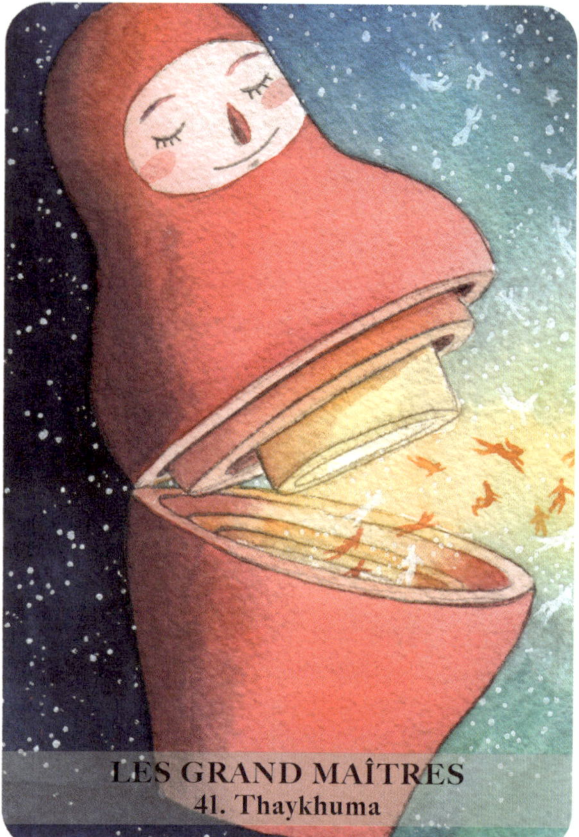
LES GRAND MAÎTRES
41. Thaykhuma

41. Thaykhuma

LES ORIGINES

Thaykuma est l'extension de ce qu'on appelle la Mère universelle, la Mère divine ou la Mère cosmique.

Son œuvre consiste à éveiller « la force et la responsabilité » dans le mental cosmique des êtres humains.

Elle est, depuis l'une des principales cités au centre de Terre, la Gouvernante majeure des « Miroirs », terme utilisé pour désigner les systèmes de transmission d'informations interplanétaires et intraplanétaires.

CLÉ ASCENSIONNELLE

L'être ascensionné est déjà en vous, il ne demande qu'à naître par votre volonté nourrie d'Amour.

MESSAGE

✳

La Lumière, nature divine de l'être humain.

Où serait la peur dans un monde où l'humain aurait conscience de son appartenance divine ? L'humain cherche la clarté et la justice, mais la Lumière est une quête du dedans.

Les âmes ont oublié la clarté qui les habite. Depuis longtemps, une grande partie d'entre elles s'affairent à cristalliser leur manque, leur solitude et l'abandon de leur propre Lumière/Christ/Source en des projets, des paroles ou des idées rassurantes, présentant l'illusion d'un remède à leurs souffrances.

Les humains cherchent à la fin des temps une lueur dans leurs ténèbres et se tournent vers le sentier de leur propre pouvoir de rédemption. Et avec lui, le pouvoir tout-puissant de la création divine qu'ils portent en eux.

Les humains errent dans les sphères hérétiques du brouillard de leurs pensées sans plus les fondre dans la Lumière de leurs âmes oubliées. La Terre et le cosmos viennent au secours de ces âmes car jamais elles n'ont été oubliées. Elles se sont abandonnées elles-mêmes en allant jusqu'à nier leur appartenance divine. En cherchant au-dehors, ces âmes créent le chaos, la confusion, la guerre et la discorde.

Les forces cosmiques s'emploient avec une grande intensité au travers de toutes les structures de l'homme pour l'avertir des dangers de son éloignement et lui rappeler l'importance des lois divines qu'il doit être en mesure de comprendre et d'appliquer s'il souhaite un jour s'élever au rang d'être humain réalisé. Vivre dans une Paix durable. Un paradis retrouvé. Nul ne peut se substituer à l'examen des consciences que la Lumière dévoile pour chaque être humain. Et du grand réajustement qu'elle enfantera par toutes les strates de son existence.

Cela ne dépend et ne dépendra que de soi et de sa volonté à se relier véritablement, inconditionnellement et intemporellement avec ce qu'il y a de plus précieux en Soi. La Lumière, nature divine de l'être humain.

LES GRAND MAÎTRES
42. Serapis Bey

42. Serapis Bey

LES ORIGINES

En tant que gardien de la flamme de l'ascension, Serapis Bey s'est incarné à plusieurs reprises.

Il œuvra au sein du temple atlante de l'Ascension puis se rendit en Égypte avant son effondrement.

Incarné à de nombreuses reprises en Égypte ancienne, il continua à œuvrer pour la prospérité, la Paix et l'unité, notamment à travers la construction d'édifices tel que le temple de Louxor.

Il fut incarné en tant que Léonidas, roi de Sparte, le roi romain Numa Pompilius, les philosophes Confucius, Platon et Lucius Annaeus Seneca.

CLÉ ASCENSIONNELLE

Incarnez le jaillissement du courant de Lumière que vous êtes.

MESSAGE

L'Univers, la Source est le sage qui vous offrira tout.

Son programme sur-mesure pour vous guérir,
vous illuminer de l'intérieur et accroître
votre conscience : la Vie.

Une grande amie qui s'engagera avec vous pour
vous accompagner vers la voie de la réalisation :
la Sagesse.

Un outil divinement efficace
pour vous élever intérieurement et nourrir
vos pensées de Lumière : le Cœur.

Une grande sœur qui vous aidera
à ouvrir vos abysses afin d'en faire jaillir
votre pureté : la Lune.

Un espace infini pour s'unir à la puissance
de l'éternel printemps : le Présent.

Une source inépuisable de quiétude,
garante de votre flamme : la Paix.

Une reliance permanente
à l'Intelligence Amour Universel : l'Âme.

Des enveloppes qui épousent chaque strate
de l'existence : les corps.

Une appartenance et un lien inaliénable
à tout ce qui vit : le Cœur solaire.

Vous n'avez pas à changer votre vie.
C'est la Vie qui vous rappelle en vous m'Aime.
Au-dedans, elle vous invite à vous synchroniser
de tout votre être avec elle. Cet appel est éternel,
intemporel et général, la Vie appelle la Vie,
la source de Lumière en vous, le Verbe
qui vous anime et vous nourrit.

La peur de vivre empêche l'humain d'écouter
cet appel mais jamais de l'entendre. Tant que
l'humain pensera contrôler sa vie, il ne pourra pas
se marier pleinement avec elle. Jusqu'à ce que
le contrôle laisse place à l'accueil, il sera dans
la tension du fossé qu'il a creusé en lui-même.

Dès lors que cet appel entre en écho avec son cœur
et ses actes, un monde d'harmonie et de profondeur
s'ouvre à lui. Le sens apparaît. L'âme grandit.
Le Verbe rayonne. Le chemin s'éclaire.
La voie s'entend. La Paix s'immisce. Le voile se lève.

L'Amour jaillit.

58, rue Jean Bleuzen – 92178 Vanves Cedex

Dépôt légal : avril 2023

ISBN : 978-2-01-718506-2

22-8293-5

Achevé d'imprimer en Chine en mars 2023